AO VINCENT

Reyther Vilard

AO VINCENT

Reyther Vilard

Copyright © 2022 by Editora Letramento
Copyright © 2022 Reyther Vilard

Diretor Editorial | **Gustavo Abreu**
Diretor Administrativo | **Júnior Gaudereto**
Diretor Financeiro | **Cláudio Macedo**
Logística | **Vinícius Santiago**
Comunicação e Marketing | **Giulia Staar**
Assistente de Marketing | **Carol Pires**
Assistente Editorial | **Matteos Moreno e Sarah Júlia Guerra**
Designer Editorial | **Gustavo Zeferino e Luís Otávio Ferreira**
Capa | **Sérgio Ricardo**
Revisão | **Sarah Guerra**
Diagramadora | **Isabela Brandão**

Todos os direitos reservados. Não é permitida a reprodução desta obra sem aprovação do Grupo Editorial Letramento.

Dados Internacionais de Catalogação na Publicação (CIP) de acordo com ISBD

T697a	Vilard, Reyther
	Ao Vincent / Reyther Vilard. - Belo Horizonte, MG : Letramento ; Temporada, 2022.
	86 p. ; 14cm x 21cm.
	ISBN: 978-65-5932-200-8
	1. Literatura brasileira. 2. Poesia. I. Título.
2022-1770	CDD 869.1
	CDU 821.134.3(81)-1

Elaborado por Odilio Hilario Moreira Junior - CRB-8/9949

Índice para catálogo sistemático:
1. Literatura brasileira : Poesia 869.1
2. Literatura brasileira : Poesia 821.134.3(81)-1

Rua Magnólia, 1086 | Bairro Caiçara
Belo Horizonte, Minas Gerais | CEP 30770-020
Telefone 31 3327-5771

TEMPORADA
é o selo de novos autores do
Grupo Editorial Letramento

editoraletramento.com.br • contato@editoraletramento.com.br • editoracasadodireito.com

para meu pai e minha mãe

Ah, a, a sim, um milhão de vezes A.

O poema existe;
alguns poetas dizem ser acaso, caso eu
ache isso, minto, como quem
mente a si mesmo; o poema meu amigo é um dom.
Um dom que Deus
proporciona a alguns
filhos que encontram na palavra, a
sílaba, a curva, o verbo feliz
que louva teu nome, que rima, que
desintegra, que foge à regra.
Motivos para escrever não faltam ao poeta;
talvez falte a rima, a palavra, a caneta, o
lápis, o tinteiro, o papel, a força;
mas o motivo permanece... na verdade, só cresce.
O poema, senhores, é um dom,
mesmo que seja fora de tom.
Um dom.

Ao Vincent

Escrevo péssimos poemas
poemas ruins que às vezes
quase não sinto ou quase minto

Mas são esses os que ficam
pois os belos poemas eu não escrevo
eu vivo

Quinta

Ah, esta tarde calma,
sol na alma,
som lento

rosto ao vento,
canto ao sentimento,
monumento ao momento.

Este amor pequeno,
tranquilo e sereno,
olhar disfarçado

desejo apaixonado
de qualquer quinta
que a gente sonha e pinta.

literária

pensei em escrever um livro
mas quando vi você

percebi que já estava tudo escrito
e de modo até muito mais bonito

**Amar e
mudar as coisas**

pode ser
que um poema
nada mude

   na verdade, eu sei
que este poema
nada mudará

no entanto,
meu coração pergunta:
o que é a vida
sem o risco?

   e assim correndo
todo tipo de perigo
ele pulsa
     um verso antigo
e tão humano:

         te amo!

Quarentena

A vida às vezes exige de nós
alguma quarentena,
não por epidemias ou por doenças,
mas por poemas.

Então, somente então, na solidão
da quarentena, no fundo do quarto,
sozinho com o poema é que me dou
conta da falta que me faz tua voz serena.

Na falta que sinto dos seus olhos,
das bobagens pequenas,
dos seus doces defeitos,
dos seus trejeitos, morena.

Francis

Tácito contrato
entre dois seres sensíveis
e virtuosos.

Mecenas era cortesão de
Otávio; Cicero amigo de
Ático; só os virtuosos
tem o que é fantástico.

Poema Industrial

É muita Odebrecht
 para pouco
Bertolt Brecht.

Nem sequer uma despedida

não queria que ela fosse
mas foi
talvez não tivesse ido
se eu tivesse dito
um oi.

A águia e a montanha

A águia albina
exala alegria
sua felicidade
contagia

A águia sonhadora
sonha com as altas montanhas
para sobrevoar
ainda não alcançou seu
objetivo

Mas sempre bate as asas como se já
estivesse lá

Solar

luz solar
me ilumina
uma rima
me irradia

flor girassol
não gire não

deixe   o   sol
      g   i

  r
        r
    a

isso é só uma
pseudo-poesia.

Anas

Sou Ana
a louca, a histérica,
a trouxa, Ana ciclana,
sou Ana bacana.
Sou Ana a descontente,
Ana raivosa, a dona,
sou Ana porto seguro,
Ana nervosa, do mico,
Ana do Chico.
Ana hoje e amanhã

Cansei de ser tal fulana
sou apenas Ana.
Não sou Ana capacho,
sou Ana apenas,
a duras penas Ana.
Somente o que eu acho,
Ana hoje e amanhã.

Placebo

Não! Não é a cura,
também não é a vacina.
É uma pesquisa recente:
chá de poesia com rima.

As flores choram

As flores choram
as pessoas choram
os carros batem
os pobres pedem
o amor se esvai
o coração sai
e as flores choram

As pessoas odeiam
as corujas rodeiam
o ódio nos manuseia
os velhos se arrependem
as crianças aprendem
o mundo se desprende
e as flores choram

A chuva que cai
o sol que morre
a noite que chega
a madrugada que corre
tudo pensa e descontrai
e as flores ainda choram

Coisas e tantas

Há coisas que são tantas
e há tantas coisas que são poucas
e as tantas quanto sabemos coisas
são coisas que no fim só valem poucas

Flor de Plástico

Alegria de sábado
tão verde o gramado
céu de um azul iluminado
um vento climático

Que lástima!

Uma flor tão bela
de um amarelo fantástico
fui colocar no jardim
era de plástico

As aparências

as aparências,
as aparências nos enganam
e ainda nos enganarão,
mas as evidências,
as evidências se mostrarão

e perceberemos
que dinheiro e beleza vão embora
e a única coisa que levaremos
mundo afora é o coração.

Domingo

Pai é quem cria
dura poesia
poema concreto
olhar doce e sério
quase um mistério
sacrifício discreto
acionista de graça
desbravador de mata
agregador de respeito
construtor de sujeito
cabelo grisalho
base e telhado
fonte de poder infinito
churrasco de domingo

O mundo parou

A terra parou sua translação,
o vento parou seu caminho,
o homem parou sua transação,
parou-se até o canto do passarinho,
antes que se parasse o coração.

Parou-se a vida
e repensou-se a vida,
observou-se a vida,
e ainda mais, viveu-se a vida
com mais paixão.

João

Um amor,
um coração,
uma batida,
um violão.

um cantinho
em expansão,
um passarinho
e sua canção.

bossa em
tenra idade,
chega de saudade.

Vintage 60

    Cabelos rubros carmim,
botinhas de couro,
    sombra rosa jasmim,
vestidinho cor de ouro,
      batom cor de cereja,
olhos cor de menta,
      beleza onde esteja,
seu jeitinho vintage 60.

Dívida

Uns pensam no que escrever
eu só escrevo
uns escrevem para lucrar
eu escrevo porque eu devo

devo à poesia de onde eu venho
pois ela é tudo que eu tenho.

Quase

Aí, meu Pai
nos livre da apatia.
aqui na terra
entre os dias
os homens
já não sentem
quase nada;
são quase nada,
e tudo é nada.

Fala-se muito,
vive-se pouco,
sorri-se pouco,
chora-se menos ainda.
Poço fundo
mas quase ninguém é profundo.

Quem é você?

Quem é você
que me ronda?
Bate forte feito onda.

O que você apronta?
Quem é você
que se aproxima?

Seria a personificação
da rima
ou só ilusão minha?

Quem é você
vinho do porto
ou água cristalina?

Quem é você
que me fascina?
Seria você mulher ou menina?

Abelhas

Abelhas não reclamam,
abelhas não brigam,
abelhas não xingam,
não aprontam discussão.

Abelhas executam,
abelhas trabalham,
abelhas produzem,
são exemplos de dedicação.

Abelhas não amam,
abelhas não sentem,
abelhas não dançam,
não possuem emoção.

Abelhas são eficazes,
abelhas são organizadas,
abelhas são esforçadas,
são exemplos de produção.

Ribalta

Na pequena vida mediana
de um país tão mediano
tudo é médio e quando não
é a gravata que nos sufoca
é o próprio tédio.

O pólen divide as abelhas operárias,
deixa-as polarizadas, enquanto a rainha
ainda é a rainha.

A noite cai sem estrelas,
sem poema, sem tranquilidade,
o dia nasce sem alívio,
sem melhora, sem sonhos,
sem luzes na ribalta.

Flores reflexivas

Eu quis escrever
versos profundos
que viessem do fundo
do coração

Eu quis colher versos
de amores como se colhe
lindas flores numa bela
plantação

Mas quando escrevo,
me vejo em triste reflexão.

plantas

nosso destino
é se deixar molhar
se deixar irradiar
se deixar crescer
se deixar viver
como uma planta deve ser

a chuva que cai
nos dias tristes
e nos distrai
da felicidade
que existe

é a chuva que
nos faz crescer
verdes folhas
folhas verdes
sobre as quais
a chuva cai
sem escolhas

entretanto
o sol também vem
iluminando a vida
as folhas
o caule
os frutos
fazendo bem

somos plantas
incríveis
usamos nossa tristeza
para fazer
crescer nossas raízes
e nossos
sentimentos como
fotossíntese.

Ironia

Eu que vejo no mundo tanta ironia,
ironicamente nasci dado à poesia.

Santa Ignorância

Santa Ignorância,
vossa santidade, rezai
por nós todos os dias,
sede nossa proteção
contra toda sorte da ciência
e os malefícios da poesia.

Santa Ignorância
tenha misericórdia
de teus súditos e
fazei-nos surdos para com
toda mentira sórdida,
livrai-nos das heresias
que essas víboras
chamadas cientistas
insistem em espalhar.

Santa Ignorância,
nossa mãe desde o berço,
que tenhamos mais que um terço
de teus atributos,
que tenhamos tuas virtudes:
sejamos leigos, ignorantes e brutos.

Santa Ignorância
que vosso legado
jamais seja esquecido,
que jamais sejamos corrompidos,
que nossos pecados
de conhecimento por ti
possam ser perdoados
e jamais por nós absolvidos.

Eclesiastes

Não se apresse não
que o poema não é para já,
um belo poema precisa
de tempo para vingar.

Não se afobe não,
deixe o verso descansar,
deixe que o tempo trabalhe,
o tempo serve mesmo para testar.

Sete chaves

Guarde este teu coração
poema é coisa de alta classe
feito com zelo e atenção
guarde-o sob sete chaves

Não rasgue o linho fino
deste teu segredo
um poema assim tão lindo
não merece padecer tão cedo

Não tenha pressa de desvendar-se
o poema é da mais alta nobreza
consiste no silêncio da vida
nos teus mistérios e beleza

Prece

Para o jatobá, flores;
para os amores, romances;
para as amantes, juízo;
para os juízes, piadas.

Para a menina, risada;
para o cego, visão;
para agosto, o fim do mês.
para dois, três.

Para o homem, o menino;
para o sol, a sombra;
para o azul, o amarelo;
para o simples, o divino.

Para a mulher, brinde;
para o romance, verdade;
para o verso, resposta;
para a vida, simplicidade.

Às vezes

Às vezes sou o poeta
Que vos escreve;
Às vezes sou o leitor
Que vos lê.

Às vezes sou o cantor
Que mal canta;
Às vezes o compositor
Que sempre encanta.

Às vezes o almático
Que sempre sorri;
Às vezes o palhaço
Que desolado chora.

Às vezes o poeta
Sem amor;
Às vezes o troglodita
Sem pavor.

Às vezes o menino
Que brinca no rio;
Às vezes o homem
Que trabalha no frio.

Às vezes sou o sol
Que te ilumina;
Às vezes sou a lua
Que te cativa.

Às vezes sou as palavras
De tua rima;
Às vezes as sílabas
Não usadas.

Às vezes sou tudo
Que precisas;
Às vezes não sou nada
Em tua vida.

Quarto aberto

sensibilidade se adquire
quando a vida exige
um pouco mais da gente

quando as lágrimas caem no papel
e a oração evapora ao céu

quando o machucado
é transformado em verso
quando a vulnerabilidade
vira afeto

e a gente se vê
um pouco mais aberto

o que acontece quando as estrelas aparecem?

o que acontece…
a noite cai
a gente cai
tudo vem
tudo vai.

as chuvas vêm vindo
e eu vou indo

tudo tão lindo
e eu vou indo

certezas sumindo
e eu vou indo

as estrelas aparecem
eu sinto…
eu vou indo.

Pôr do sol

Permita-se um dia
acordar sem alarde
pegue todos os problemas
e os encare, não os
guarde.

Encare a guerra e
não seja covarde,
chore todas as tristezas
e tudo o que arde,
por fim, então, somente
aguarde...

que o alívio vem no fim da tarde.

Quem não sabe rimar

eu que não sou poeta
eu que não sou profeta
reles fedelho inculto
cérebro em tumulto

me vi forçado
quase que arrastado
por essa força medonha
essa força viciante
essa dor angustiante
esse nó na garganta
um estranho mantra

eu que não sou apto
me vi num rapto
tomado de assalto

não precisava de tanto problema
mas fui levado
quase afogado
por este poema

e agora me encontro no fim da linha
na última página, na última estrofe
indo para o último verso
e o perverso é que não encontro
o fim da rima.

Sublime

Momento tão sublime
é quando não estamos imunes
a qualquer ferida do caminho,
quando fragilizados estamos
menos sozinhos.

Quando mesmo não havendo
palavra se quer que rime,
qualquer caneta que sublinhe,
nos colocamos a escrever
sabendo que sentir não é crime.

eu sem poesia

eu sem poesia
não seria eu
ou pior
até seria

talvez mais
talvez menos
talvez, talvez
de vez em quando
ou de quando em vez
um bocado de ironia.

Oração

Perdeu
Sofreu
Chorou
Morreu…

Ressuscitou
Bradou
Gritou
Rugiu
Ajoelhou
Pediu

Sorriu
Ouviu
Cresceu
Permaneceu
Foi sincero
Com Deus.

Malditos escritores

Esses escritores…
Malditos escritores!
Que os prendam,
que os impeçam de escrever…

Ora… estava tudo bem…
Até que fui ler o que um desses
malditos deu por escrever.

Agora cá estou a pensar sobre tudo
sobre a vida, sobre o mundo
pior ainda … sobre quem sou eu!

Palavrão

tenho procurado
um poema humano e espontâneo
como o entoar de um palavrão
tão simples quanto o sorriso
de um menino brincalhão

com erros de ortografia
sem qualquer correção
poemas vindos da mais sincera oração
palavra colhida como o trigo
que está em nosso pão

que diga tudo o que
não se diz na razão
que revele todo segredo
daquilo que já está lá
sem grande revelação.

Faz de conta

A gente já não dá conta,
eles fazem de conta,
são tantas as contas,
e ninguém nos conta,
e quando nos damos conta,
ninguém dá um desconto,
todo mundo desconta,
esse é o preço de fugir
do faz de conta.

Estrutura

Meu bem...
                  se o poema não cabe
                  nem dentro do próprio
                  poema
como você
espera que ele caiba
dentro do coração?
como você espera
enterrá-lo dentro
do caixão?

                        O poema nega
toda estrutura,
toda obviedade, o poema é livre...
                            livre.

Posteridade

quando eu me for
quando eu me ir
já terei ido
e não irei vir

já estarei escrito
e não existindo
não deixarei
de existir

Fofuras

Poderia fazer poemas
cheios de romances e fofuras
poemas água com açúcar

mas de manhã tudo iria derreter
prefiro escrever coisas duras
tanto para mim quanto para você.

Desejos

Maçã vermelha,
fogo vermelho,
fome além da fome,
o corpo clama
mais um pouco
de cama.

Cinco minutos
que não farão diferença,
pesada sentença,
desespero, brincadeira,
piadas internas,
raivas externas,
maçã vermelha,
fogo vermelho.

Desejos, tantos desejos,
em que situação me vejo;
às vezes o corpo suplica;
a alma implica;
e a razão explica:
só são desejos,
só desejos.
Ah... desejos!

Transatlântico

      Morena
  um dia ainda te
escrevo um cântico
    um soneto
  transatlântico
um verso quântico

um poema romântico

Poema dos fracos

Este é o poema dos fracos,
dos gordos, dos carecas, dos magros,
dos franzinos, dos magricelas, dos mirrados,
mas é sobretudo o poema dos feios e dos fragilizados.

Por isso digo, com todo orgulho do mundo,
que esse poema é nosso de fato,
pois somos tudo isso
quando não estamos fantasiados.

Sangue e palavra

escrevo este poema com meu sangue
rabisco em minha carne
me corto com palavras
rimo minhas lágrimas
não escrevo com mágica
o verso me desarma
de noite quando ninguém vê
me mete uma arma e me mata
no escuro do meu quarto
e ali dissolvo numa rima fraca.

Queda d'água

A água começa a derramar
sobre o pobre recipiente
rios d'água no rosto:
quem diria que o oceano
estaria dentro da gente.

Da cor da poesia

o mundo lá fora
e o coração aqui dentro
jamais adivinhariam
que seus olhos teriam
a cor da poesia

Passarinho II

Passarinho machucou a asa,
eu machuquei o coração;
quem sabe se eu o ajudar a voar,
ele me ajuda a sair do chão

Passarinho voltou para o ninho,
eu voltei para a solidão
mas este poema, este poema...
este poema repousa na imensidão.

noite em claro

passo a noite em claro
   divagando acordado
em alguns sonhos

vai a noite e vem o dia
e eu aqui pensando
   em sonhos ou seria
em poesia?

eu até pensei em dormir
   mas se eu for
aonde vai parar
   esse sonho que me aconteceu?

madrugada é amarga
   quando se gasta
tempo pensando
   em realizar sonhos
que ficam congestionando
o coração que não adormeceu

e como é de costume
   devo ter escrito alguma coisa
que expõe o quanto meu poema
é teu.

O que nos faz um pouco mais humanos?

Antes os sinos
dobravam por ti,
agora, mal dobram por
mim.
As crianças que antes
brincavam na rua,
hoje, mal sabem o que
é um jardim.

Temos medo uns dos
outros;
todos os meses se
tornaram agosto
e a gente se acostumou
a contragosto
a carregar no peito
todo esse desgosto.

Vem e vai, chega e sai
ano
e a pergunta que fica é:
o que nos tem feito
mais
ou menos humanos?

Negra

Lá vem ela linda,
Estonteante, menina bonita,
Delirante; dançando, correndo na chuva
Descalça, despenteada balançando.

As flores que a acompanham
Em seus lindos cachos negros
Ficam chamando querendo
levá-la a dançar

Ali descalça no parque
Em meio a chuva de verão
A multidão com seus guardas chuvas
Anti-alegria e anti-poesia.

Olham-na com olhares de inveja
Pois como aquela menina de vestido
Amarelo com flores lindas de jasmim
Pode ficar tão linda esperando assim.

Pois negro é lindo,
Negro é amor, negro é poesia,
Negro é bonito, negro é a cor,
Negro é a forma mais bela de viver.

Em meio àquela explosão
De cores molhadas, desejadas,
Amadas, adoradas e admiradas
Aquela linda menina da pele negra

Esperava cheia de amor.
Com aquele singelo, belo,
Lindo, simples vestido amarelo
Chamando atenção.

É totalmente indescritível
Descrever nesses versos
O quanto negro é lindo,
O quanto negro é amor.

estrelas

nas noites dentro do ônibus
observo tantas estrelas sozinhas
que reciclam lixo em favor de comida

centenas de lojas abertas
e milhares de pessoas espertas
que desconfortáveis ignoram
o céu de asfalto de realidade concreta

estrelas sozinhas se apagam em becos
esquinas escuras
já não são mais estrelas
quem dirá criaturas

Algoz

Que tenhamos uma só voz
e que sejamos um só também.

Que sejamos nós sem reter ninguém.
Sem querer ser veloz, ir além.

Sem algoz e refém, amar sem escolher quem.
Amar sem ser atroz o amor que nos faz bem.

Exílio

Dentro do quarto é frio,
lá fora corre um rio,
o mundo está vazio,
todos estão em exílio.

Mas ainda escrevo
em nome do amor,
em nome da poesia,
em defesa da pequena flor.

É loucura eu sei,
o mundo vai um caos
e o poeta vem com versos,
acontece que ele não obedece ao universo.

Flor de escura cabeleira

Flor de pétalas negras
porém com sementes
mais brilhantes que mil
girassóis, renascida da
aurora boreal, tirada de
algum salmo, adoça os
fatos reais, discretamente
sempre traz algo de bom
para nós.

Fisioterapia
para um poema torto,
um ponto de equilíbrio
para um sujeito louco,
flor inspira e não é pouco.

Nutriente

Ter coração é raro
coração exige nutriente
e alimento que o sustente
é só amor e amor é caro

Onze

Eu vi nos teus pecados
os meus pecados;
dois homens, presente
e passado.

Coração aos poucos desarmado;
idênticos são alguns traços;
reconstrução desse espaço;
a partir dos erros ver o humano
ali guardado.

Together

Eu estou à vontade
livre, leve e solto.
Pode vir de verdade
que me desenvolvo.
Sozinho eu não me resolvo
meu coração está envolto
de tudo, tudo é um.
Pode vir de peito aberto
que eu me envolvo.

Dependo de ti como tu
depende de mim,
como eu dependo de ti de novo.
Você me dá, eu te devolvo,
você me absorve, eu te absolvo
você desiste, eu dissolvo.
Juntos é que se tem retorno.

As flores que existem no jardim

As flores que existem no jardim
assistem ao tempo passar,
à senhora chegar,
ao sol se pôr,
ao moço amar,
ao renascer do amor

As flores que existem no jardim
assistem molhadas
à princesa passar,
ao rei voltar,
ao bobo da corte sorrir,
ao cavalheiro partir,
ao trovador falar

As flores que existem no jardim
ouvem a poesia da rua,
os versos da lua,
as declamações de marte,
Vênus não fica à parte

As flores que existem no jardim
olham a galáxia,
amam o universo,
traduzem todos os versos,
trazem à tona a alegria
de um amor de poesia

Por fim as flores que existem no jardim
me dizem sim,
me dão inspiração,
alegria para viver,
coragem para dizer
que em meio aos meus devaneios de garoto
as flores que existem no jardim
são tudo de bom,
uma poesia esplêndida de Deus
que me fascina,
que é todas as rimas;
graças às flores fui capaz de ser poeta,
de ser homem e humano
tudo graças a essas flores que tanto amo

Palavras

Todo dia
toda hora
as pessoas
trafegam nas ruas
sem porquê
sem saber
sem entender
que a vida é bonita
e é pedida em qualquer
Manhã
Que todo sabor
é igual ao gosto da maçã
que traz a rima
que raciocina
a mente sã
Se eu te falo
e te mostro
e decreto
algo concreto
que o sorriso
é o modo mais correto
de ser feliz
e de perto
é mais belo
e singelo
que o sol
Onde tudo
e todo mundo
fica sem saber o que quer
ou do que se difere
Enquanto vaga triste
procurando saber se existe algo

mais
que traga paz
e a felicidade
que eles não encontram
por não saber a verdade
E eu com várias palavras
mal colocadas e rimadas
escolhidas e com essa fala
bem comprida e escondida
te falo que a palavra tem
poder
para te fazer sorrir
te fazer sofrer
de acordo com o que se fala
com o que se diz
você pode ser muito triste
ou feliz

No fundo

Lá no fundo, do fundo, do bem profundo de mim
guardo um "NÃO", um não que me grita
querendo ser sim.

Ele grita na pele, até que enfim
transparece e a gente esquece
que sentir é assim.

Monostrófico poema

Soldados rasos perdidos em naufrágios;
Amazonas fortes perdidas em vários presságios;
Declínio em pleno estágio.
Ambos buscam no sexo e no vinho
suas formas de comprar carinho;
humano demasiado humano sozinho.
Homens, criaturas tão sozinhas e pequenas
Não sorriem, nem amam, trabalham apenas;
Se acostumaram com as mesmas cenas;
Violências e barbaridades obscenas.
Mulheres, delicadas flores de açucena;
Perderam o perfume, os poucos poemas;
Suas feridas se tornaram suas quarentenas;
A vida às vezes impõe duras penas.

Racionalmente sentimental

Parte de mim
quer ser prudente
outra parte inconsequente
Parte de mim
sabe ser sério
outra quer ser contente

Parte de mim
quer dar voz à razão
outra quer ser só coração
parte de mim
planeja o tempo de um plano
outra parte quer desesperadamente
ser humano

Parte de mim
sugere o silêncio
outra quer muito dizer
Parte de mim
pretende demonstrar
outra quer porque quer esconder

Parte de mim
sugere o erro
outra preza o acerto
Parte de mim
diz para ser racional
outra parte quer ser sentimental

Uma parte na outra parte
me reparte
de manhã, de noite e a tarde
não faço alarde
mas uma parte quer que eu vá
outra parte quer que eu aguarde.

7 milhas

Este é o poema das sete milhas,
porém, termino aqui; pois,
só andei duas.

8	Ao Vincent	25	O mundo parou
9	Quinta	26	João
10	literária	27	Vintage 60
11	Amar e mudar as coisas	28	Dívida
		29	Quase
12	Quarentena	30	Quem é você?
13	Francis	31	Abelhas
14	Poema Industrial	32	Ribalta
15	Nem sequer uma despedida	33	Flores reflexivas
		34	plantas
16	A águia e a montanha	36	Ironia
17	Solar	37	Santa Ignorância
18	Anas	38	Eclesiastes
19	Placebo	39	Sete chaves
20	As flores choram	40	Prece
21	Coisas e tantas	41	Às vezes
22	Flor de Plástico	43	Quarto aberto
23	As aparências	44	o que acontece quando as estrelas aparecem?
24	Domingo		

45	Pôr do sol
46	Quem não sabe rimar
47	Sublime
48	eu sem poesia
49	Oração
50	Malditos escritores
51	Palavrão
52	Faz de conta
53	Estrutura
54	Posteridade
55	Fofuras
56	Desejos
57	Transatlântico
58	Poema dos fracos
59	Sangue e palavra
60	Queda d'água
61	Da cor da poesia
62	Passarinho II
63	noite em claro
64	O que nos faz um pouco mais humanos?
65	Negra
67	estrelas
68	Algoz
69	Exílio
70	Flor de escura cabeleira
71	Nutriente
72	Onze
73	Together
74	As flores que existem no jardim
76	Palavras
78	No fundo
79	Monostrófico poema
80	Racionalmente sentimental
82	7 milhas

- editoraletramento
- editoraletramento.com.br
- editoraletramento
- company/grupoeditorialletramento
- grupoletramento
- contato@editoraletramento.com.br

- editoracasadodireito.com
- casadodireitoed
- casadodireito